Stephan Sigg

KEIN ESSEN IN DEN MÜLL

camino.

Stephan Sigg

Kein Essen in den Müll

Lena rettet das krumme Gemüse

Mit Bildern von Anna-Katharina Stahl

1. Auflage 2020

Ein camino.-Buch aus der

Illustration und Gesamtgestaltung: Anna-Katharina Stahl, Stuttgart
Hersteller gemäß ProdSG:
Druck und Bindung: Finidr s.r.o., Lípová 1965, 737 01 Český Těšín, Czech Republic
Verlag: Verlag Katholisches Bibelwerk GmbH, Deckerstraße 39, 70372 Stuttgart

www.bibelwerkverlag.de
ISBN 978-3-96157-136-9

Inhalt

Das schnelle HUHN

Mit lautem Gegacker hüpfte das braune Huhn über den Kiesplatz. Lena war ihm dicht auf den Fersen. Doch immer, wenn sie es beinahe eingeholt hatte, machte dieses wieder einen großen Satz und Lena bekam bloß die Luft zu fassen.
«Lena!», hörte sie hinter sich. Sie fuhr zusammen. Vor lauter Huhn hatte sie alles um sich herum vergessen: Den Bauernhof, den Schulausflug, Herrn Till, die Klasse ... Alle Kinder hatten sich bei der Regentonne zu einem Halbkreis aufgestellt und schauten zu ihr herüber. Wie lange schon? Hätte sie sich jetzt doch auch nur so schnell aus dem Staub machen können wie ein Huhn! Doch Abhauen war gerade die ziemlich dümmste Idee.
«Wir warten auf dich!», rief Herr Till und klang mehr als ungeduldig. «Kommst du bitte auch zu uns, damit wir anfangen können?»
Kurz sah sie sich nochmals nach dem Huhn um. Es war wie vom Erdboden verschluckt!
«Ich habe dich mehrmals gerufen», raunte Hannah ihr zu, als sie neben ihr stand, «aber du hast gar nichts mitbekommen. Nicht einmal Herrn Till hast du gehört – dabei hat er so laut geschrien, dass ich mir die Ohren zuhalten musste.»

«Ich wollte unbedingt mal ein Huhn streicheln», erklärte Lena.
Herr Till sah sie streng an. Gerade als er starten wollte, begannen die Kühe auf der Wiese zu muhen.
«Ist das laut!», entfuhr es Hannah.
Auch Lena konnte Herrn Till fast nicht verstehen.
«Sprechen Sie lauter!», rief Felix.
«Pst!», machte Herr Till zu den Kühen, doch dadurch entstand nur noch mehr Unruhe. Die Kinder lachten laut und die Kühe muhten, als würden sie bei einer Castingshow um den 1. Platz im Finale kämpfen.

Herr Till zeigte zu einer kleinen Scheune, das Tor stand weit offen. «Gehen wir unter das Vordach, dort ist es etwas ruhiger.»

Als alle unter dem Vordach waren, erklärte Herr Till: «Ihr habt jetzt eine Stunde Zeit, um euch den Hof anzuschauen. Ihr könnt euch an den Fragen auf eurem Arbeitsblatt orientieren. Wenn ihr alle beantwortet habt, dann seid ihr überall gewesen. Jeder für sich allein!»

Lena beobachtete, wie der Wind ein paar bunte Blätter über den Platz schob und gähnte. Warum ließ Herr Till sie nicht einfach selbstständig den Bauernhof besichtigen? Herr Till musste es immer so kompliziert machen. Sie hätten doch auch so genügend zu tun und zu sehen. Es gab hier so viele aufregende Dinge: die Kühe beobachten, den Traktor, den Hund des Bauern streicheln und natürlich die Hühner. Und sie hätte herausfinden können, wohin sich das braune Huhn verdrückt hatte.
Sie sah sich um. Wo war das Huhn hin? Es konnte sich doch nicht einfach in Luft aufgelöst haben.
Da ... im Innern der Scheune! Da hatte sich etwas bewegt. Lena schielte nervös zwischen Herrn Till und der Scheune hin und her. Wann war er endlich fertig? Sie musste zum Huhn, bevor es wieder ausbüchste ...
«Wenn etwas unklar ist, könnt ihr mich fragen», schloss Herr Till.
Zack – Lena sauste los. Sie schaute hinter die Kiste ...
Keine Spur vom Huhn!
Die Kiste war mit einem Deckel halb verschlossen. Hatte sich das Huhn hier drin versteckt ...?

Sie schielte hinein. Es war dunkel. Sie schob den Deckel noch etwas weiter auf und dann fielen ihr beinahe die Augen raus. «Hannah!», rief sie und winkte aufgeregt ihre beste Freundin herbei.

Sie griff in die Kiste und hielt kurz darauf ein merkwürdiges, braun-orangenfarbenes Etwas in die Höhe.
«Iih!», machte Hannah. «Was ist denn das?»
«Ein Möhren-X!», rief Lena und grinste.
Eine Möhre in so einer Form hatte sie noch nie gesehen. War das eine spezielle Sorte? Dann sollte ihre Mama in Zukunft nur noch diese kaufen!
In der Kiste gab es noch viel mehr: eine Kartoffel in Herzform und zwei Gurken, die in der Mitte zusammengewachsen waren …
«Finger weg!», hörten sie hinter sich eine Stimme. Ein Mann mit einem witzigen rötlichen Schnauzbart rannte auf sie zu. Es war der Bauer. «Hier ist kein Zutritt für Gäste», erklärte er und scheuchte die beiden Mädchen hinaus.
«Aber …», versuchte Lena sich zu wehren. Die Kiste …
Vom anderen Ende des Platzes schielte Herr Till neugierig zu ihnen herüber: «Alles in Ordnung? Seid ihr schon fertig mit den Aufgaben?»
Dem entging nichts!
«Fast», murmelte Lena zerknirscht. Ob in dieser Kiste noch viel mehr merkwürdiges Gemüse zu finden war? Sie war bis oben gefüllt gewesen.

«Da drinnen gibt es Gemüse, wie Sie es noch nie gesehen haben», sagte Lena.
Herr Till verstand nicht, wovon Lena sprach. Er blickte zum Bauer.
Der zuckte mit den Achseln. «Das ist nur das Grünzeug, das aussortiert werden mußte.»
«Aussortiert?», fragte Lena.
Der Bauer nickte. «Dieses Gemüse können wir nicht verkaufen. Die Menschen im Supermarkt wollen nur Gemüse und Obst, das perfekt geformt ist.»
Lena runzelte die Stirn. «Aber ein Kartoffelherz sieht doch total cool aus ...» Wenn ihr Mama nur Herz-Kartoffeln kochte, schmeckten ihr die bestimmt viel besser.

«Sie werfen das einfach weg?», fragte Lena, «ist das nicht viel zu schade um das Gemüse?»
«Das sehen die Supermärkte und die Menschen, die dort einkaufen, leider anders», erwiderte der Bauer, «die haben keine Lust auf krumme Möhren.»
«Aber was machen Sie denn damit?»
«Einiges essen wir selber, einen Teil verfüttern wir unseren Tieren ... aber trotzdem müssen wir vieles vernichten. Besonders jetzt im Herbst.»
Gemüse vernichten – nur weil es nicht perfekt aussah?
«Aber ...», setzte sie an, doch Herr Till unterbrach sie und deutete auf das Arbeitsblatt in ihrer Hand: «Du kümmerst dich jetzt besser um deine Aufgaben.»
Lena öffnete den Mund. Aber da Herr Till sie so streng ansah, sagte sie nichts mehr.

Zuhause verzog sich Lena sofort auf ihr Zimmer. Eigentlich hatte sie sich heute morgen noch vorgenommen, am Abend eine Zeichnung von den Tieren auf dem Bauernhof zu machen. Doch jetzt hatte sie etwas ganz Anderes im Kopf. Dieses Bild würde viel witziger aussehen … Hätte sie doch bloß mehr Zeit gehabt, in der Kiste zu stöbern. Ob sie auch ein Möhren-L entdeckt hätte? Das L war Lenas Lieblingsbuchstabe! Echt dumm, dass Herr Till sie gestört hatte. Sie musste nochmals auf diesen Bauernhof. Und zwar so bald wie möglich.

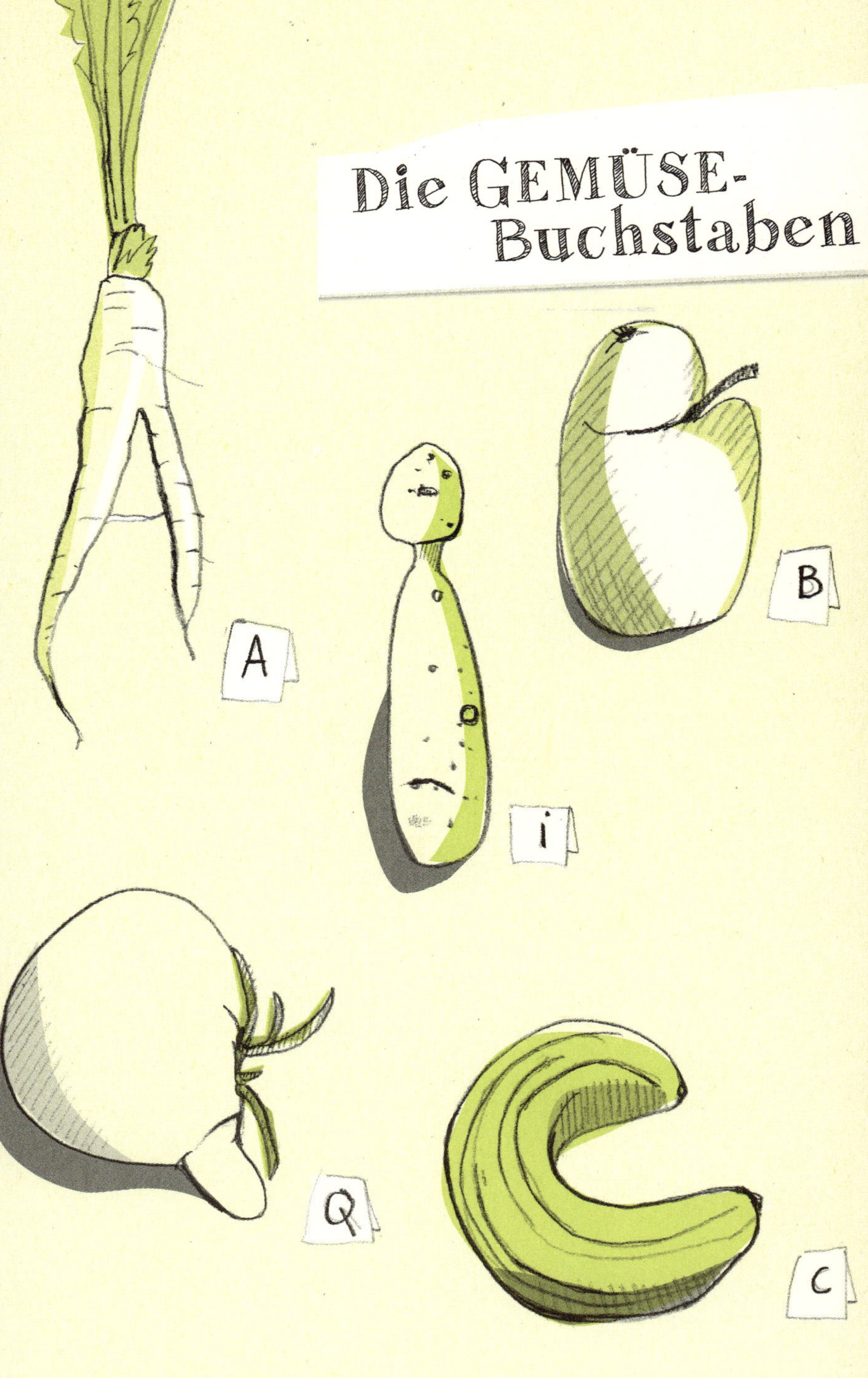
Die GEMÜSE-
Buchstaben
A
B
i
Q
C

Die digitale Wandtafel zeigte ein großes Foto vom Bauernhof. Lena kniff die Augen zusammen und sah es ganz genau an. Auch hier weit und breit keine Spur vom Huhn!

«Wie hat es euch gestern auf dem Bauernhof gefallen?», fragte Herr Till und zeigte auf das Foto hinter sich.

Lena und Hannah sahen sich an. Sie wussten, was jetzt kam: Stundenlang über den Ausflug diskutieren.

«Die Kühe waren cool!», rief Felix.

«Und der Traktor!», meldete sich Sarah.

Lena dachte an die Kiste mit dem merkwürdigen Gemüse. Das Möhren-X! Wie schnell die Zeichnung gestern fertig geworden war. Die Farbstifte waren wie von selber über das Blatt gesaust.

«Und was hat euch überrascht?», fragte Herr Till nach.

«Buchstabensuppe!», entfuhr es Lena.

Alle drehten die Köpfe zu ihr.

Felix lachte laut.

Lena fuhr zusammen. Warum war ihr das jetzt herausgerutscht? «Ich ... ähm ...» In ihrem Kopf hatte es wieder mal verrückt gespielt: Sie hatte sich vorgestellt, wie sie auf dem Bauernhof ganz viele Gemüse-Buchstaben holten und ihre Mama eine Gemüse-Buchstabensuppe kochte. Aber das konnte sie den anderen jetzt unmöglich erklären, dann hätten wohl erst recht alle losgeprustet. Hannah kapierte sofort, was Lena meinte und half ihr aus der Patsche: «Sie hat an die Kiste mit dem besonderen Gemüse gedacht. Wir haben in der Scheune so eine witzige Möhre entdeckt.»

«Lena meint die Kiste mit dem aussortierten Gemüse», erklärte Herr Till, «wenn das Gemüse nicht den Qualitätsansprüchen genügt, kann es der Bauer nicht verkaufen.»
Lena verdrehte die Augen. Quali… was?
«Aber so ein Gemüse ist doch total cool», rief sie. Damit machte essen gleich viel mehr Spaß! Würde es nicht spannend aussehen, wenn auf jedem Teller eine besondere Möhre oder Kartoffel zu finden wäre? Man könnte zu jedem Gemüse eine witzige Geschichte erfinden: Es war einmal eine Möhre, die war zu faul zum Wachsen, deshalb ist sie so kurz. Es war einmal eine Gurke, die hatte ein schlechtes Gewissen, deshalb ist sie so krumm. Und die schmale Kartoffel? Die wollte einfach mal eine Diät ausprobieren …
«Isst du heute in der Pause Gemüse-Buchstaben?», riss Felix Lena aus den Gedanken.
Sie verdrehte die Augen.
Dieses Mal lachten auch die anderen nicht über seinen Witz.
«Stimmt das wirklich?», fragte Sarah und fuhr mit den Fingern nervös durch ihre langen braunen Haare, «sie können Gemüse nicht verkaufen, nur

weil es nicht perfekt aussieht? Ist das nicht etwas schräg?»

Lena nickte. «Es schmeckt ja nicht anders. Und beim Kochen wird es ja eh geschnippelt, da spielt die Form eigentlich gar keine Rolle.»

«Würdest du im Supermarkt freiwillig hässliches Gemüse kaufen?», warf Felix ein, «das sieht doch wirklich nicht lecker aus.»

Sarah zuckte mit den Achseln.

Lena dachte an ihre Mama. Auch diese stand manchmal eine halbe Ewigkeit vor dem Obstregal, bis sie die perfekte Zitrone oder Banane ausgewählt hatte. Sie musste ihr das unbedingt möglichst bald

abgewöhnen! Am besten sie klopfte ihr ab sofort im Supermarkt immer auf die Hände, wenn sie eine Frucht mit einer Delle zurücklegen wollte. Warum hatte es sich bei so vielen im Kopf festgesetzt, dass das Gemüse makellos aussehen musste?
Als es klingelte, stupste Lena Hannah an: «Ich schaue heute Nachmittag nochmals auf dem Bauernhof vorbei. Kommst du mit?» Sie konnte es kaum erwarten, noch mehr Gemüse-Buchstaben zu finden. «Und vielleicht gelingt es mir heute endlich mal, das Huhn zu streicheln!»

Der Wind sauste ihnen um die Ohren und am Himmel rasten die Wolken dahin, als ob sie von einem wilden Tier gejagt wurden. Schon lange bevor der Bauernhof auftauchte, war das Muhen zu hören. Doch vom braunen Huhn war weit und breit keine Spur. Der Bauer spritzte gerade mit einem Schlauch den Boden ab.
«Wir wollen Gemüse kaufen», erklärte Lena ihm. Er deutete in die Richtung, aus der die Mädchen gekommen waren. «Der Hofladen ist vorne. Da ist Selbstbedienung.» Und schon wandte er sich wieder ab.

Doch Lena zeigte zum Stall. «Wir wollen das coole Gemüse.»
Es dauerte, bis der Bauer begriff, worauf Lena hinauswollte: «Ihr seid ja gestern schon hier gewesen», erinnerte er sich. «In dieser Kiste ist nur das Grünzeug, das wir aussortieren.»
«Aber gerade das finden wir spannend!», erwiderte Lena.
Hannah nickte zustimmend: «Gewöhnliche Kartoffeln gibt es überall.»
«Ist doch praktisch für Sie, dann müssen Sie es nicht wegschmeißen», ließ Lena nicht locker.
«Na schön», meinte der Bauer. Mit einem Ruck zog er das Stalltor auf. «Ihr könnt es kostenlos haben. Bedient euch!»
Lena strahlte. Kostenlos? Das war ja ein Ding! Schnell machten sie sich daran, ihre Rucksäcke vollzustopfen: Möhren, Kartoffeln, Zwiebel, Gurken – alles durcheinander. Ein paar Mini-Kartoffeln passten gerade in ihre Hosentaschen. Und der Rest? Es war noch immer so viel Gemüse übrig ...
Der Bauer kratzte sich an seinem rötlichen Schnauzbart. «Wollt ihr meinen Bollerwagen ausleihen?»

«Au ja!», riefen die beiden Mädchen sofort.
Der Bollerwagen war aus Holz und bot Platz für richtig viel Gemüse. Der Bauer nahm die Kiste und leerte den ganzen Inhalt in den Bollerwagen.
Etwas verstand Lena nicht: «Warum verkaufen Sie dieses Gemüse nicht einfach günstiger? Wenn man sparen kann, greifen die Menschen doch immer sofort zu.»
Der Bauer seufzte: «Aber wo? Unser Hofladen ist zwar sehr beliebt, aber trotzdem geht da zu wenig weg.»
«Zum Beispiel auf dem Wochenmarkt?», fragte Hannah.
Lena nickte. Auch ihre Mama kaufte regelmäßig dort ein.
«Für so etwas fehlt mir die Zeit», erwiderte der Bauer, «ich bin ja auch ohne Markt schon rund um die Uhr auf den Beinen. Wie soll ich mich da auch noch um einen Markstand kümmern? Ihr könnt euch gar nicht vorstellen, wie aufwändig das alles ist: Der Stall, die Kühe ...»
« ... und die Hühner!», fügte Hannah an und zwinkerte Lena zu.
Das braune Huhn! Vor lauter Grünzeug hatte sie es

total vergessen. Sie sah sich um. Eigentlich hätte sie sich gerne nach ihm auf die Suche gemacht. Doch der Bauer deutete zum Himmel, dort war es inzwischen ziemlich schwarz. «Es wird gleich regnen, besser ihr macht euch langsam auf den Weg.» Lena wollte sich nach dem Huhn erkundigen, doch Hannah zog bereits am Bollerwagen. Vergeblich – er bewegte sich kaum einen Millimeter. «Komm!», rief sie, «ich brauche deine Hilfe.» Lena zögerte, doch dann zuckte sie mit den Achseln. Wahrscheinlich hatte das Huhn sowieso schon längstens gecheckt, dass sie hier war und beobachtete sie aus einem sicheren Versteck.

Papa bekommt einen LACHkrampf

Schnaufend betrat Lena die Wohnung. Gerade noch geschafft! Draußen war es jetzt stockfinster und der Sturm polterte. Dicke Tropfen prasselten herunter. Zum Glück hatten sie keine Sekunde länger rumgetrödelt.

«Der Bauer hat uns einen Bollerwagen ...», sprudelte sie los.

«Langsam, langsam», sagte ihr Papa, «alles schön der Reihe nach.»

Doch ihre Mama rief: «Du bist ja ganz nass! Du ziehst dich zuerst um.»

Lena legte das Gemüse auf den Tisch und flitzte in ihr Zimmer. Nachdem sie sich einen frischen Pullover über den Kopf gezogen hatte, hörte sie in der Küche Papa laut lachen. Was war passiert?

Papa konnte gar nicht mehr aufhören zu lachen. Er musste so fest glucksen, dass ihm die Tränen kamen.

Lena blickte zwischen Mama und Papa hin und her.

«Was ist so witzig?», fragte sie.

«Die Gur ...», setzte Papa an und wurde von einem Lachkrampf durchgeschüttelt.

«Woher hast du denn dieses Gemüse?», fragte Mama.

«So etwas habe ich noch nie gesehen», meinte Papa. «Sieht das witzig aus!»
«Das kommt direkt vom Hof», erklärte Lena und erzählte von ihrem Ausflug.
«Aber gleich so viel ...», rief Mama.
«Hannah hat noch viel mehr», warf Lena ein, «sie hat es mit dem Bollerwagen nach Hause gebracht.»
«Wer soll denn das alles essen?», fragte Mama.
Auch Papa wunderte sich. «Sonst muss man dich doch immer zum Gemüse zwingen.»
«Das ist etwas Anderes», meinte Lena.
Papa nahm sein Handy hervor und drückte es Lena in die Hand: «Wir müssen Fotos machen», sagte er, «meine Kollegen bei der Arbeit werden echt doof gucken.» Er machte auf dem Tisch Platz und legte dann dort zwei gekrümmte Gurken nebeneinander, dazwischen platzierte er zwei Mini-Äpfel, eine längliche Kartoffel und quer darunter eine Möhre. Jetzt begriff Lena, was das darstellte: Ein Gesicht – und zwar ein lächelndes Gesicht, denn die Möhre war an den beiden Enden nach oben gebogen. Schnell machte Lena ein paar Fotos. Das Bild brachte sicher viele zum Schmunzeln. Jetzt wollte auch

sie ein lustiges Gemüse-Legebild erfinden. Das machte ja noch viel mehr Spass als Zeichnen! Aber ihre Mama rief: «Jetzt ist Zeit für das Abendessen.» Heute war sie mit dem Kochen an der Reihe. Plötzlich hellte sich ihr Gesicht auf: «Wisst ihr was – wir kochen heute wieder mal alle gemeinsam!»
«Auf jeden Fall!», rief Papa.
«In dem Fall machen wir heute gleich etwas mit Gemüse», entschied Mama und griff nach den Kartoffeln.
Papa zwinkerte Lena zu. Diese strahlte. Hatte sie es nicht gewusst? Krumme Gurken sorgten für gute Laune! Wann hatten sie das letzte Mal in der Küche so fest miteinander gelacht?
«Dieses Gemüse sieht zwar komisch aus», meinte Lena. «Aber schmeckt es deshalb anders?» Sie begann, über der Spüle, die Kartoffeln zu schälen.
«Ist das nicht verrückt? Eine Menge Gemüse kann nicht verkauft werden, nur weil es ein bisschen zu groß oder zu klein ist oder die falsche Farbe hat.»
«Deshalb esse ich die Kartoffeln lieber als Chips, da spielt es keine Rolle, ob die Kartoffeln rund, oval oder eckig waren», warf Papa schmunzelnd ein und erntete dafür von Mama einen kritischen Blick.

Wie Lena konnte auch Papa Kartoffeln nicht leiden! «Warum verfüttert der Bauer dieses Gemüse nicht an die Tiere?», fragte Mama und stellte die Teller auf den Tisch.

Papa lachte. «Die wollen doch auch nicht jeden Tag das gleiche fressen!»
Lena nickte: «Mit all dem Gemüse könnte er ja gleich mehrere Kuhherden füttern.»

Lena hatte Mühe, ihre Gedanken zu bändigen: Vielleicht müsste man die Menschen einfach mit einer besonderen Aktion zum Nachdenken bringen. So wie vor einem Jahr mit dem Plastik: Sie hatten in der Schule eine Veranstaltung organisiert und die Eltern darauf aufmerksam gemacht, dass es auch ohne Plastik ging. Hatte super funktioniert!

Ihre Mutter sah Lena prüfend an. «Ich hoffe sehr, dass du nicht schon wieder etwas ausheckst.»

Lena verneinte, doch in ihrem Kopf summte es wie in einem Bienenhaus. So viele Ideen hatte sie schon. Sie musste das Gemüse retten!

Das Telefon klingelte. Lena ließ den Schäler in die Spüle fallen und flitzte in den Flur.

Es war Hannah.

«Wie haben deine Eltern reagiert?», fragte sie. Sie klang total niedergeschlagen.

«Einen Augenblick», bat Lena und ging mit dem Telefon in ihr Zimmer.

«Meine Mama hat den Mund kaum mehr zubekommen, als ich mit dem Bollerwagen aufgetaucht bin», erklärte Hannah, «sie meinte, dass wir doch gar nicht so viel Gemüse essen. Und sie weiß

auch gar nicht, wo wir das alles lagern sollen.»
«Das ist doch lange haltbar», murmelte Lena.
«Habe ich ihr auch gesagt! Aber sie besteht darauf, dass ich es wieder zurückbringe.»
Lena musste leer schlucken. «Das ist doch total peinlich!» Was würde denn der Bauer von ihnen denken? Und dann würde er das Gemüse doch noch vernichten! Und sowieso: Von Hannah bis zum Bauernhof war es eine halbe Weltreise.
Sie schielte hinaus. Der Sturm pustete immer wieder in die Äste der Bäume, die Blätter flogen in alle Richtungen.
«Ich habe auch überhaupt keine Lust, den Bollerwagen mit dem ganzen Gemüse zurückzubringen», sagte Hannah, als könnte sie ihre Gedanken lesen, «schon gar nicht bei dem Wetter.»
«Ich komme morgen zu dir», versprach Lena, «wir finden eine Lösung.»
Aber sie begriff selber, dass sie nicht wirklich überzeugend klang.
Was sollten sie nur mit dem vielen Gemüse machen?

100 Kilogramm LEBENSMITTEL

Quiek, quiek, machte der Bollerwagen. Er war schon von weitem zu hören. Auf dem ganzen Spielplatz drehten sich die Kinder um und beobachteten neugierig, wie Hannah und Lena den Bollerwagen durch den Park zogen. Der Himmel war strahlend blau, deshalb wollte wohl jeder den sonnigen Nachmittag draußen verbringen. Hoffentlich kannte sie niemand! Sonst musste Lena deutlich machen, dass das Ganze Hannahs Idee gewesen war.
«Dorthin!», meinte Hannah und zeigte zu einem schattigen Platz neben der Rutschbahn.
Das Gemüse und das Obst sahen echt lecker aus! Lena zog ein Tuch aus ihrem Rucksack und polierte die Äpfel. Zwischen den Lebensmitteln lagen ein paar witzige Zeichnungen, die Lena heute noch schnell gemalt hatte: eine Möhre, die Bus fuhr, zwei Äpfel, die miteinander tanzten und eine Zitrone, die sich einen coolen Kopfhörer aufgesetzt hatte. Wer konnte da schon widerstehen?
«Freches Gemüse! Gesund und witzig!», rief Hannah.

girl

Auch Lena hatte sich einen witzigenSpruch ausgedacht: «Rekord-Gemüse: Die witzigsten Zitronen der Welt!» Die Zitronen, die sie vom Bauer bekommen hatten, waren nämlich total flach, aber dafür mega lang. Als ob ein Elefant darüber getrampelt wäre.

Als erstes näherte sich eine junge Frau. «Was verkauft ihr denn?»

«Gemüse und Obst frisch vom Hof!», erklärte Hannah.

Es dauerte nicht lange und ihr Stand und der Bollerwagen waren die große Attraktion. Alle auf dem Spielplatz interessierten sich dafür. Aus allen Richtungen näherten sich die Kinder, manche zogen ihre Eltern mit sich. Hannah musste immer wieder kleine Kinder daran hindern, in den Bollerwagen zu klettern. Die Fußball-Erdbeeren – Erdbeeren, die so außergewöhnlich rund waren wie Fußbälle – waren im Nu ausverkauft. Einige runzelten verwirrt die Stirn, manche lachten laut, als sie sahen, was für ein besonderes Gemüse die Mädchen anboten. Ein kleiner Junge drückte Hannah als Dankeschön für eine witzige Möhre ein riesiges, rotes Ahornblatt in die Hand. Schon nach einer halben Stunde war der Bollerwagen fast leer. Es war nur noch ein Kopfsalat übrig – der strubbligste Kopfsalat, den Lena je gesehen hatte. Er sah aus, als wäre er seit Jahren nicht mehr beim Friseur gewesen.

«Das war doch eine tolle Idee», raunte Hannah Lena zu. Ihre Wangen waren vor lauter Aufregung gerötet.

Plötzlich stand Renata vor dem Bollerwagen. Sie wohnte direkt gegenüber von Lena in einem kleinen Haus. Renatas Hund bellte laut, als er Lena entdeckte. «Was macht ihr denn hier?»

«Wir retten Gemüse!», rief Lena und erzählte vom Bauernhof und von den krummen Dingern.

Renata lächelte gerührt. «Ihr seid ja aufgeweckt! Jetzt im Herbst kann man überall so viel ernten. Warum lassen so viele Supermärkte tonnenweise Früchte mit dem Flugzeug einfliegen, wenn gleich vor der Haustür Leckeres rumliegt?»

«Wir haben in nullkommanichts fast alles verkauft», ergänzte Hannah, «die Kinder sind voll auf unser Gemüse abgefahren!»

«Wärst du bloß etwas früher gekommen», meinte Lena, «jetzt haben wir gar nichts mehr für dich.

Aber du kannst direkt beim Bauern ...»
Renata winkte ab. «Ich war heute schon einkaufen», sagte sie und plötzlich erstarrte sie. Auf ihrer Stirn bildeten sich dunkle Falten. «Hey!», schrie sie und rannte zur Parkbank neben den Schaukeln. Dort war gerade ein Jugendlicher dabei, eine Chipstüte in einen Mülleimer zu quetschen.
«Die ist ja noch total voll», schimpfte Renata.
«Aber diese Chips schmecken irgendwie komisch», wehrte sich der Jugendliche und rückte sein Baseballcap zurecht. Es schien ihm echt peinlich zu sein, da er mitbekam, wie die Kinder herüberstarrten. Lena und Hannah kamen sogar etwas näher, um nichts zu verpassen.
«Man wirft doch nicht einfach Lebensmittel weg!», sagte Renata.
Der Junge seufzte und ließ die Chips in seinem Rucksack verschwinden. «Zufrieden?»
Er machte sich aus dem Staub.
«Ich verstehe das einfach nicht», sagte Renata zu Lena und Hannah, «warum haben manche einfach gar keine Hemmung, Essen wegzuschmeißen? Ich wundere mich ja schon, wenn ich im Supermarkt die prallgefüllten Einkaufswagen sehe.

Wer braucht denn so viel zum Essen? Mit dem, was mancher einkauft, könnte er locker ein paar Tage lang eine ganze Schulklasse ernähren. Dabei sind zuhause ihre Vorratsschränke sowieso total voll. Und wisst ihr, wie viele Lebensmittel täglich weggeworfen werden? Das kam kürzlich in einer TV-Dokumentation: Hundert Kilogramm pro Person!»

«Was?», entgegnete Lena, «hundert Kilogramm?» Ihr Papa wog achtzig Kilo und das war schon richtig viel.

«Ja, und das in jedem Haushalt», betonte Renata.

Lena blickte empört auf. «Wir nicht!» Sie achteten seit einiger Zeit sehr darauf, möglichst ohne Plastik und andere Verpackungen einzukaufen. Und auch Lebensmittel landeten

so gut wie gar nie im Müll. Letzte Woche hatten sie einen Joghurt entsorgt, weil er verdorben war.
«Und die Vanille-Cookies?», fragte Hannah.
Lena schnitt eine Grimasse. Die hatte sie ganz vergessen. Jedes Mal, wenn ihre Tante kam, brachte sie Vanille-Cookies mit und Lena konnte die überhaupt nicht ausstehen. «Von denen wird mir immer übel», sagte sie kleinlaut. Zum Glück wusste sie inzwischen, dass Hannah ein großer Fan von diesen Cookies war. Jetzt schenkte Lena sie immer an sie weiter.
«Vieles landet im Müll, weil die Leute gerade keine Lust darauf haben», erklärte Renata.
Hannah nickte: «Bei uns in der Schule sind nach der Pause jedes Mal die Mülleimer total voll mit Brötchen und anderem Essen.»
«Und dazu kommen noch die Restaurants und Supermärkte. Die vernichten die Lebensmittel, die sie nicht verkaufen können», ergänzte Renata. «Dabei haben bei uns und auch in anderen Ländern viele Menschen zu wenig zum Essen. Ist das nicht traurig?»
Jetzt sagte Lena nichts mehr. Irgendwie kam ihr die Verkaufsaktion ziemlich doof vor. Sie hatten

zwar fast einen ganzen Bollerwagen voller Gemüse unter die Leute gebracht. Aber was war das schon? In ihrem Kopf sausten die Gedanken durcheinander: Wie viele Bauernhöfe gab es auf der ganzen Welt? Bestimmt hatten alle zusammen eine unvorstellbare Menge unperfektes Gemüse. Und dann auch noch all die Lebensmittel der Supermärkte und Restaurants. Hannah und sie müssten hunderte Kisten verkaufen und nicht einmal so konnten sie das gesamte Gemüse retten ... Was wollte sie allein schon ausrichten? Es bräuchte mindestens 1000 Lenas, um etwas bewegen zu können. Warum gab es keine Kopiergeräte, die Menschen vervielfältigten?

«Wir müssen das morgen unserer Klasse erzählen», rief Hannah.

Renata lächelte. «Das ist eine schöne Idee!»

«Wenn unsere Schule keine Lebensmittel mehr wegwirft, dann ist das doch schon mal ein Anfang», war Hannah überzeugt.

Doch Lena seufzte. «Du weißt doch, wie unsere Klasse drauf ist. Und erst die Kinder in den anderen Klassen!» Wer würde schon auf sie hören? Sie hatte doch immer so Mühe, vor anderen zu sprechen ...

«Du musst ihnen halt wieder mal die Augen öffnen», sagte Hannah und zwinkerte ihr zu.

Klick – jetzt begriff Lena, worauf ihre Freundin hinauswollte.

Ein Lächeln huschte über Lenas Gesicht.

«Am besten gehst du gleich nach Hause und fängst an», ermunterte Hannah sie, «ich bringe inzwischen den leeren Bollerwagen auf den Bauernhof.»

Doch das bekam Lena nicht mehr mit. Sie stürmte schon los.

Der Joghurt-EXPRESS

Irgendwie schmeckte ihr das Frühstücksbrötchen heute überhaupt nicht. Lena kaute und kaute und brachte es trotzdem kaum hinunter.
«Bei mir wird es heute Nachmittag wahrscheinlich etwas später», erklärte Mama, als sie ihre Kaffeetasse in die Geschirrspülmaschine stellte, «du kannst ja inzwischen die Hausaufgaben machen.»
Lena war in Gedanken ganz woanders: In ihrer Stadt gab es mehrere Bäckereien. Wenn die alle, Tag für Tag, Brot wegschmissen ... Unvorstellbar, was für eine große Menge in jeder Woche, in jedem Monat, in jedem Jahr das war! Und erst all die Bäckereien in den anderen Städten und Dörfern. Wie viele Kilogramm das wohl insgesamt waren? Man müsste wahrscheinlich zuerst eine Spezial-Waage bauen, die so viel Gewicht wiegen konnte. Sie vergaß beinahe die Zeit, so sehr rumorte es in ihr: die Gemüse-Buchstaben, ihre Aktion auf dem Spielplatz, ihre Nachbarin und die Lebensmittelverschwendung, die Zeichnungen, die sie gestern gemalt hatte ...

Als die Kinder vor der ersten Stunde ins Klassenzimmer kamen, hingen drei große Zeichnungen an

der Wandtafel. Alle drängten sich davor, schauten sie an und begannen aufgeregt miteinander zu tuscheln. Sie kapierten sofort: Die Zeichnungen stammten von Lena!

«Lena hat wieder mal gemalt!», rief Felix.

«Kannst du sie uns kurz erklären?», fragte Herr Till Lena.

Lena seufzte. Die Zeichnungen begriff doch jedes Kind: Eine Bäckerei mit Regalen voller Brote, ein voller Kühlschrank und auf der dritten Zeichnung: ein großer Abfallsack, aus dem mehrere Brote, Joghurts und ein Kuchenstück herausschauten. Das Kuchenstück sah besonders echt aus – die rosafarbene Glasur war ihr super gelungen.

Zum Glück quasselte Felix schon los: «Lena findet es doof, dass Lebensmittel im Müll landen.»
«Das hast du echt schön gemalt», raunte Hannah Lena zu und ein paar andere nickten zustimmend.
«Viele Menschen verschwenden Lebensmittel», erklärte Hannah. Sie erzählte, was sie gestern auf dem Spielplatz gemacht hatten.
«Echt?», rief Sarah ungläubig, «da wäre ich auch gerne dabei gewesen. Macht ihr bald wieder mal so etwas?»
«Manchmal bleibt einem gar nichts Anderes übrig, als Essen wegzuwerfen», wandte Felix ein.
Lena funkelte ihn wütend an. Immer musste er sich …
«Würdest du freiwillig etwas essen, bei dem das Mindesthaltbarkeitsdatum abgelaufen ist?», fragte er, «wer will sich denn schon vergiften?»
Herr Till korrigierte ihn: «Das ist ein Irrtum. Mindestens haltbar bis … heißt nicht, dass ein Joghurt danach tödlich ist. Es schmeckt halt nicht mehr so gut. Meistens ist es viel länger haltbar.»
Lena sah Herrn Till voller Stolz an. Das hatte er wirklich gut erklärt! Darauf wusste auch Felix nichts mehr zu sagen.

«Es hilft auch, schon beim Einkaufen auf das Haltbarkeitsdatum zu achten», ergänzte Herr Till. «Am besten kauft ihr nur Lebensmittel, die noch möglichst lange haltbar sind. Oder ihr sortiert im Kühlschrank: was bald abläuft, ganz vorne, die anderen weiter hinten.»

«Ihr könnt euch gar nicht vorstellen, wie viel meine Mutter jedes Mal einkauft», erzählte Finn, «und dann entdecken wir plötzlich ganz hinten im Schrank uralte Nudeln. Darauf habe ich dann wirklich keine Lust.»

«Das geht uns manchmal bei den Joghurts so», sagte Sarah. Sie schob ihre langen Haare auseinander und befestigte sie hinter den Ohren. «Mein Vater hat immer Schiss, dass ihm die Frühstücksjoghurts ausgehen. Deshalb lädt er immer ganz viel in den Einkaufswagen.»

«Aber gibt es denn für so etwas nicht die Tafel?», meldete sich auf einmal Luca. Er saß ganz hinten und hatte bisher noch nichts gesagt.

Alle schauten ihn verwirrt an. Wovon sprach er?

«Was hat denn die Wandtafel mit abgelaufenen Joghurts zu tun?», rief Felix mit einem breiten Grinsen.

«Die Tafel ist der Name eines Vereins!», erwiderte Luca und die Augen hinter seiner Brille leuchteten triumphierend. «Mein Bruder macht eine Ausbildung im Supermarkt. Dort kommt abends immer jemand vorbei und holt frische Lebensmittel wie Brot oder Joghurt ab, die man am nächsten Tag nicht mehr verkaufen kann. Sie werden dann an Menschen verteilt, die nicht so viel Geld haben.»

«Cool!», entfuhr es Felix, «so etwas wie ein Joghurt-Express!»
Dieses Mal musste auch Lena schmunzeln.
«Dann können wir ja dort alle Lebensmittel hinbringen», schlug sie vor.
«Das geht leider nicht so einfach», wusste Herr Till, «die Tafel darf keine Lebensmittel verteilen, die schon abgelaufen sind. Da gibt es strenge Vorschriften. Die Tafel will den Foodwaste verringern: Die Menschen erwarten, dass die Regale immer prall gefüllt sind und sie auch noch kurz vor Ladenschluss frisches Brot bekommen. Niemand denkt daran, dass viel davon am Ende gar nicht mehr verkauft werden kann. Am nächsten Tag sind die Backwaren ja nicht mehr frisch.»
Lena seufzte. Warum war immer alles so kompliziert? «Dann müssen wir es halt selber machen.»
«Wie meinst du das?», rief Hannah.
«Wir tauschen untereinander», erklärte Lena.
«Wie soll das gehen?», fragte Sarah.
So genau wusste Lena das auch noch nicht: «Wir können ja in der Schule einen Tisch aufstellen, dann bringen alle Lebensmittel von zuhause mit und legen sie dort hin und jeder bedient sich.»

Sarah runzelte die Stirn. «Meinst du wirklich, der Hausmeister wäre damit einverstanden?»
«Jeder kann ja einfach bei seinen Nachbarn klingeln und ihnen Lebensmittel anbieten», schlug Luca vor, «ein Nachbarschafts-Lebensmittel-Tausch.»
«Ha!», entfuhr es Hannah, «ich weiß schon, was ich meiner Nachbarin bringe: etwas Verschimmeltes.» Sie hatte nämlich ständig Konflikte mit der älteren Frau, die über ihr wohnte. Sie war total empfindlich und schimpfte bei jeder Gelegenheit mit ihr.
Sarah beugte sich nach vorne, die Haare fielen ihr ins Gesicht. «Das funktioniert doch nie!», entgegnete sie, «die Kinder in den anderen Klassen reagieren wahrscheinlich wie Felix es beschrieben hat: sie rümpfen bloß die Nase und ekeln sich. Und erst meine Mutter! Die hätte hundertpro keine Freude, abgelaufene Nudeln zu kochen.»
Lena platzte der Kragen. «Dann zeigen wir ihnen halt selber, dass auch solche Lebensmittel noch ganz köstlich schmecken!»
Die Kinder wollten sofort wissen, wie sie sich das vorstellte, aber Herr Till unterbrach die Diskussion. «Es hat schon lange geklingelt und

wir haben heute einiges zu tun.»
Doch Lena konnte nicht aufhören, weiter über die Rettung der Lebensmittel nachzudenken. Tafel. Joghurt-Becher. Kühlschrank richtig einräumen. Alles wirbelte durch ihren Kopf. Am liebsten hätte sie gleich weiter gezeichnet. Aber das hätte Herr Till sofort mitbekommen. Deshalb zeichnete sie die Bilder im Kopf. Das brauchte echt viel Konzentration! So viele Dinge, die sie sich merken musste. Und sie konnte nicht einmal vor sich hinmurmeln. Vor dem Mittag hatte sie sich endlich alles ausgedacht. Als es klingelte, hatte sie es eilig. «Mir ist etwas Geniales eingefallen», erklärte sie den anderen. «Wir treffen uns um vierzehn Uhr bei mir. Seid ihr alle dabei?» Sofort nickten alle eifrig. «Müssen wir etwas mitbringen?», fragte Sarah. Lena nickte und und präsentierte ihre Pläne mit allen Details.

Der rauchende
BACKofen
ZUCK
MEH
TYP

Als erstes traf Hannah bei Lena ein. Sie stellte zwei Jutesäcke auf den Küchentisch. Sie waren bis oben gefüllt.
«Mama war echt froh, dass sie mal den Speiseschrank ausräumen konnte», erzählte sie. «Wir hätten nicht gedacht, dass wir dabei so viel entdecken.»
Lena half ihrer Freundin, die Taschen auszupacken. Sie legten alles auf den Tisch: eine Schachtel Cornflakes, zwei Packungen Mehl, Tomatenpüree in der Tube, Reis, Chia-Samen, zwei Packungen Paprika-Chips, drei Bananen, die schon mehr braun waren als gelb ...
«Wir hätten auch noch vier Bierflaschen gehabt, die vor zwei Monaten abgelaufen sind», erklärte Hannah, «aber Mama hat mir verboten, sie mitzubringen.»
«Zum Glück!», entgegnete Lena. Bier schmeckte doch so etwas von eklig. Und wofür hätten sie das verwenden sollen?
Hannah grinste: «Zum Beispiel Pasta mir Bier-Sauce?»
Lena schüttelte es.
Kaum hatte Hannah ihre Jacke in die Garderobe gehängt, klingelte es erneut.

Sarah und Felix standen vor der Tür. Auch die beiden hatten jede Menge Lebensmittel dabei.
«Habt ihr so viele Vorräte?», staunte Lena.
«Das meiste ist von unseren Nachbarn», erklärte Sarah, ihr Gesicht war beinahe komplett von den Haaren bedeckt. «Ich habe bei ihnen geklingelt und von unserer Aktion erzählt. Alle haben uns etwas mitgegeben. Frau Brinkmann hätte noch eine ganze Kiste mit trübem Apfelsaft, den sie mal geschenkt bekommen hatte. Ich musste ihr versprechen, dass wir die Flaschen später holen. Alleine hätte ich die nicht tragen können!»
Lena vergaß vor lauter Überraschung den Mund zu schließen. Was sollten sie mit all diesen Lebensmitteln? Da müssten sie ja bis morgen früh kochen und backen ...
«Die meisten waren echt überrascht, dass so viel bei ihnen rumliegt», sagte Sarah, «manche Packungen waren schon total verstaubt!»
Sarah packte vier Tomaten, zwei Tetrapack Orangensaft und drei Gläser mit Erdbeer-Marmelade aus.
«Mama hat die mal aus Versehen gekauft, die stehen schon lange bei uns rum.»
«Erdbeer-Marmelade?», rief Felix, «aber die ist

doch total lecker.» Er fuhr sich mit der Zunge über seine Oberlippe.
Sarah machte ein zerknirschtes Gesicht. «Aber nicht, wenn du auf Erdbeeren allergisch bist! Und das ist bei uns die ganze Familie.»
Als letztes kam Luca. Er brachte einen großen Karton mit Äpfeln mit. «Aus unserem Garten. Wir konnten dieses Jahr extrem viel ernten.»
Irgendwann war der Küchentisch kaum mehr zu sehen, so voll war er.
Hannah machte mit ihrem Handy mehrere Fotos vom Lebensmittelberg.
«Und es fehlen noch die Flaschen von Frau Brinkmann!», erinnerte Sarah.
Doch Lena winkte ab. «Dafür ist jetzt keine Zeit. Die holen wir ein anderes Mal.» Sie hatten schon mehr als genug!
«Und jetzt?», fragte Felix, «wie geht es weiter?»

Etwas ratlos betrachteten die Kinder den Berg mit den Lebensmitteln. Lena hätte nicht erwartet, dass ihre Freunde so viele verschiedene Sachen mitbringen würden. Vielleicht hätten sie das doch irgendwie besser planen sollen? Sie hatten ja nicht mal abgesprochen, ob sie etwas kochen oder backen sollten …

«Ich habe vorhin schon in Mamas Rezeptbüchern geblättert», murmelte sie, «aber irgendwie scheinen diese Zutaten für kein Rezept so richtig zu passen.» Was sollten sie denn aus all diesen Zutaten machen?

Tomaten-Apfel-Marmelade?

Erdnuss-Risotto mit Orangensaft-Sauce?

Paprika-Chips-Bananen-Creme?

«Ich habe Lust auf Kuchen!», rief Felix, «backen wir einen leckeren Erdbeer-Apfel-Kuchen. Da können wir sehr viel von diesen Zutaten reinmischen.»

«Erdbeer-Apfel-Kuchen?», fragte Lena. So etwas hatte sie noch nie gesehen.

«Warum nicht?», meinte Felix, «das könnte doch ganz interessant schmecken. Viele lieben Erdbeeren und Äpfel – da sind sie bestimmt von so einem Kuchen doppelt begeistert.»

Lena nickte. Das klang logisch. Auch die anderen waren neugierig, wie so ein Kuchen schmeckte.

«Deine Mama ist echt cool», sagte Luca und rückte die Brille auf seiner Nase zurecht, «meine würde so etwas nie erlauben.»

Lena tat so, als hätte sie das nicht gehört. Besser sie machten sich an die Arbeit!

Lena kramte Schüssel und Mixer aus der Schublade, alle wuschen sich die Hände und dann ging es los. So viele Leute waren noch nie gleichzeitig in ihrer Küche gewesen. Man musste echt aufpassen, dass man sich nicht ständig anstieß oder auf die Füße trat. Und fast pausenlos musste Lena hin und herflitzen, weil ihre Freunde einen Löffel oder einen Teller suchten. Schon bald sah es aus wie in einer Großbäckerei, aber einer ziemlich chaotischen. Während Luca und Sarah neben der Spüle die Äpfel schälten, kümmerten sich Lena und Hannah um den Teig. Das war gar nicht so einfach! Auch wenn sie immer mehr Mehl in die Schüssel leerten, blieb er total wässrig – die Masse wurde überhaupt nicht fest.
«Vielleicht müssen wir erst mal mixen», sagte Hannah und schaltete den Mixer ein. Er ratterte so laut los, das Sarah vor Schreck aufschrie.
Alle lachten.
«Vorsicht!», raunte Lena ihrer Freundin zu, doch zu spät. Schon spritzten das Mehl und die Milch in

MEHL
TYP 405

alle Richtungen. War das ein Stress! Wenn sie mit ihrer Mama buk, lief es immer so entspannt ab und es klappte wie am Schnürchen.

Endlich war der Kuchen im Ofen. Felix stand davor und ließ ihn nicht aus den Augen. Lena betrachtete den Tisch: Der Lebensmittelberg war noch immer so groß. Jetzt waren sie schon fast eine Stunde an der Arbeit und sie hatten noch fast nichts geschafft.
Sarah hob eine Packung Kakao in die Höhe. «Ich habe Lust auf Schokoladenplätzchen!»
Doch Felix rief: «Lieber etwas mit Vanille!»
«Vanille schmeckt mir überhaupt nicht!», meldete sich Sarah. Während alle laut durcheinander diskutieren, blätterte Lena im Rezeptbuch. «Pst!», machte sie, doch niemand hörte auf sie. Bei dem Krach konnte sie sich ja gar nicht konzentrieren. Sie fand nichts ...
«Das kriegen wir auch so hin», war Sarah überzeugt und griff nach dem Mehl.
«Wie ihr ausseht!», fiel es Luca erst jetzt auf, «das müsst ihr fotografieren!»
Lena und Hannah sahen sich an. Ihre Gesichter

waren total weiß vor lauter Mehl.
«Wann gibt es endlich etwas zu essen?», rief Felix ungeduldig.
Auch die anderen waren langsam genervt.
Gerade als Luca den Backofen öffnete, ging die Wohnungstür auf und gleich darauf stand Lenas Mama in der Tür.
«Was ist denn hier los?»
Sie hielt sich die Hände vor den Mund und schaute entgeistert die Kinder der Reihe nach an.
Alle blickten zu Lena.
«Wir haben gebacken ...», stammelte sie.
Warum war Mama schon da? Hatte sie nicht gesagt, dass es heute später wurde?
«... einen Erdbeer-Apfel-Kuchen!», rief Felix und zeigte zum offenen Ofen. Von dort schlug ihnen dicker Rauch entgegen.
Hannah begann zu husten.
Lena riss das Fenster auf.
Dann schauten alle die Kuchenform an und verzogen gleichzeitig das Gesicht. Nur Luca sah nichts, da seine Brille beschlagen war.
«Der Kuchenrand ist ja total schwarz», stellte Hannah fest und hustete gleich nochmals, «und

in der Mitte ist es immer noch weich.»

Die Erdbeeren waren ganz verschrumpelt.

«Kann man das essen?», fragte Sarah skeptisch, „ich habe mir den Kuchen irgendwie anders vorgestellt.“

Auch von den anderen hatte keiner Lust, auch nur einen Bissen zu probieren.

«Das sieht ja schrecklich aus», sagte Lenas Mama, «das werden wir gleich entsorgen.» Sie griff nach einem Topflappen, doch Felix stellte sich ihr in den Weg.

«Lena hat uns verboten, Lebensmittel wegzuwerfen!»

Mama versuchte sich an ihm vorbei zu drängen, doch er machte sich ganz breit. Eine Weile bewegten

sich beide hin und her, als würden sie miteinander tanzen. Wenn Mama dabei nicht so fest die Stirn gerunzelt hätte, hätte Lena laut gelacht.
«Das kommt auf den Kompost», erklärte Mama und keiner traute sich zu widersprechen.

«Ich muss langsam los», erklärte Hannah, auch die anderen Kinder hatten es auf einmal eilig. Schwupp, und schon waren alle in ihre Jacken geschlüpft und hatten sich die Turnschuhe geschnürt. Alle hatten kapiert: Nur noch ein paar Sekunden und Lenas Mama würde den Tobsuchtsanfall des Jahres bekommen. Denn erst jetzt entdeckte sie den Lebensmittelberg ...
«Du kannst gerne bei mir übernachten», raunte Hannah Lena zu und schielte zu Lenas Mama, «falls sie sich nicht mehr beruhigt.»
«Nehmt doch die Lebensmittel wieder mit!», rief Lena, doch da waren schon alle aus der Tür. Jetzt war es plötzlich total still in der Küche.
«Es werden so viele Lebensmittel weggeworfen und wir wollten etwas dagegen unternehmen», erklärte Lena, bevor ihre Mama etwas sagen konnte. Mama setzte sich auf einen Stuhl und betrachtete

kopfschüttelnd das Chaos auf dem Tisch. «Und was kann ich dafür? Ich habe diese Sachen nicht gekauft ...»

Da musste Lena Mama recht geben: Sie hatte vorhin die ganze Küche und auch den Vorratsraum durchstöbert. Bei ihnen gab es fast nichts, das schon abgelaufen war.

«Sollen doch die anderen Eltern sich drum kümmern», sagte ihre Mama.

«Genau das ist das Problem», erwiderte Lena, «die kümmern sich alle nicht drum und deshalb habe ich mir gedacht, dass wir es hier ...» Sie hielt inne. Sie hatte sich das viel einfacher vorgestellt. Vielleicht war es doch nicht eine so gute Idee gewesen. Hatte sie wirklich gedacht, sie und ihre Freunde könnten das Problem lösen? Mit einer Back-Aktion? Sie hatten es nicht mal geschafft, einen einzigen Kuchen zu backen, der genießbar war! Sie nahm die Küche genauer unter die Lupe: Es sah wirklich fürchterlich aus. Überall stapelte sich Geschirr. Der Backofen und die Kühlschranktür waren total verschmiert, jemand hatte Mehl auf den Boden geschüttet und offensichtlich waren gleich mehrere reingetreten und hatten dann überall Mehlfußabdrücke hinterlassen – sogar in der Toilette! Und erst die vielen Lebensmittel. Was sollten sie jetzt damit?

«Es tut mir leid», sagte sie, «ich mache wieder alles blitzblank.»

Plötzlich dämmerte es ihr: Hatten sich die anderen wirklich nur wegen ihrer Mama so schnell verdrückt – oder weil sie zu faul waren, ihr beim Aufräumen zu helfen? Das würde jetzt Stunden dauern, das alles wieder in Ordnung zu bringen.

Doch ihre Mama beschäftigte momentan ein anderes Problem: «Was machen wir denn jetzt mit den vielen Lebensmitteln? Wir sind doch keine Sammelstelle für Esswaren!» Sie hielt eine Packung Risotto in die Höhe. «Von uns mag doch niemand Risotto.» Sie schüttelte den Kopf. «Du nimmst das morgen wieder mit in die Schule und gibst es allen zurück. Sollen sie selber überlegen, was sie damit anfangen.»

«Auf keinen Fall!», entfuhr es Lena, «was denken denn die anderen ...» Und sowieso – wie sollte sie die vielen Lebensmitteln in die Schule bringen? Da müsste sie ja erst beim Bauern den Bollerwagen ausleihen ...

Ihre Mama hatte eine andere Idee: «Vielleicht holst du besser gleich einen Abfallsack und dann schmeißen wir alles weg.»
Lena blieb die Luft weg. Kapierte Mama, was sie da gerade von sich gab? All die Esswaren in den Müll? Hatte sie schon vergessen, was ihr Lena alles über die Lebensmittelverschwendung erzählt hatte? Bevor Lena eine Antwort einfiel, klingelte es. Die beiden sahen sich überrascht an.
«Bekommen wir jetzt noch mehr Lebensmittel?», flüsterte ihre Mama, «besser, wir machen nicht auf.»
Auch Lena war es jetzt unwohl. Sarah hatte ihren Nachbarn von ihrer Idee erzählt. Was, wenn diese jetzt selber weitere Lebensmittel vorbeibrachten? Vielleicht hatten sie sogar noch andere darauf aufmerksam gemacht ... Am Ende stand jetzt schon eine ganze Schlange von Menschen draußen, die alle möglichen Dinge bei ihnen abgeben wollten: mehrere Kilogramm Bananen, ganze Paletten mit Ravioli-Büchsen, riesige Öl-Kanister ... Am Ende war sogar das Treppenhaus vom Erdgeschoss bis in den dritten Stock komplett vollgeräumt – ein einziges Warenlager!

Es klingelte zum zweiten Mal. Lena schlich zur Tür, Mama blieb in der Küche. Mit weichen Knien schaute Lena durch das Guckloch. Ihre Nachbarin! Sie öffnete und stellte erleichtert fest: Renata hatte keine Lebensmittel dabei. Und sie war allein! Nicht einmal Molly, ihren Hund, hatte sie mitgebracht.

«Ich habe ein Problem», erklärte Renata, nachdem Lena die Tür geöffnet hatte. Dann entdeckte sie hinter Lena den merkwürdigen Berg auf dem Küchentisch und machte Augen, als wäre gerade ein Gespenst durch die Küche gehuscht. «Habt ihr Großeinkauf gemacht?»

Lenas Mama seufzte und ballte die Hände zu Fäusten.

«Das ist eine längere Geschichte», sagte Lena schnell.

Renata blickte zwischen Lena und ihrer Mutter hin und her und begriff sofort, dass sie besser gleich auf den Punkt kam: «Ich brauche ganz dringend die Hilfe von dir und deinen Freunden», erklärte Renata, «wir treffen uns morgen Nachmittag bei mir.»

Mehr wollte sie nicht verraten. Bevor Lena eine

Frage stellen konnte, hatte sie sich aus dem Staub gemacht. Und Lena war allein mit ihrer Mama und dem Lebensmittelberg.

OSTEREIER suchen
im Herbst

«Hat sie uns vergessen?», fragte Lena, als Renata auch nach dem dritten Klingeln nicht öffnete. Es war schon fünf nach zwei!

«Vielleicht warten sie im Garten», überlegte Hannah. Hoffentlich war alles in Ordnung! Was, wenn das Problem ihrer Nachbarin doch dramatischer war als sie gedacht hatten?

Ein Weg führte hinter das Haus. Zwischen ihren Schuhen raschelte das Laub.

Auch im Garten: niemand.

Weder Renata noch jemand aus ihrer Klasse.

Sie musterten den Garten. Er war größer als ein Fußballfeld! Gehörte er Lenas Nachbarin ganz allein?

«Das ist ja wie in einem Urwald», staunte Lena und sah einem Schmetterling hinterher, der von einer Blume zur nächsten flog. Die Bäume und Sträucher wuchsen wild durcheinander, das Gras stand so hoch, es hätte schon längst gemäht werden müssen. Überall blühten Blumen in knalligen

Farben. An einer Mauer, am anderen Ende des Gartens, entdeckte sie ein riesiges Insektenhotel. Gerade krabbelte ein Marienkäfer aus einer der Öffnungen im Holz.

«Wenn das Mama sehen würde», sagte Lena.

Die war auf Ungeziefer allergisch. Und dazu zählte sie sogar Marienkäfer! Ihre Mama achtete immer darauf, dass auf ihrem Balkon alles perfekt war. Kaum tauchte irgendwo ein klitzekleines Unkraut auf, riss sie es schon wieder aus. Hier hätte ihre Mama gleich Urlaub nehmen müssen, um für Ordnung zu sorgen ...

«Ich habe nicht erwartet, dass viele auftauchen», sagte Lena, «aber dass uns gleich alle im Stich lassen?»

«Aber ein paar haben doch gesagt, dass sie vielleicht kommen» , entgegnete Hannah.

Lena schüttelte den Kopf. «Felix hat gemeint, dass es bloß wieder so ein Flop wird wie in unserer Küche.» Die anderen hatten so getan, als wären sie heute Nachmittag schon beschäftigt oder hätten Besseres zu tun. «In der Pause sind alle auf Abstand gegangen. Als ob ich schuld an der Küchenkatastrophe bin!»

«Und du weißt wirklich nicht, worum es geht?», unterbrach Hannah ihre Gedanken. Dabei hatte sie diese Frage schon vor zehn Minuten gestellt.
Lena konnte bloß nochmals dieselbe Antwort geben: «Sie hat irgendein Problem und sie braucht unsere Hilfe.» Sie dachte nach. «Ich habe die ganze Nacht darüber gerätselt, aber mir sind nur verrückte Ideen eingefallen: Wir müssen ihr helfen, das ganze Haus nach einem verlorenen Ring abzusuchen. Oder vielleicht will sie einen riesigen Schrank verschieben.»
«Aber braucht man dafür gleich so viele Personen?“, wunderte sich Hannah. «Vielleicht geht es doch um etwas ganz Anderes ...» Sie blickte zum Haus.
«Sind sie eventuell schon mit Renata im Haus und haben uns nicht gehört?», fragte Lena.
Sie lauschten.
Nichts.

Selbst die Terrasse war total grün: Sie hatte ein Dach aus Laub. Auf dem alten Gartentisch auf der Terrasse standen fünf Eimer. Zwei davon waren mit Pflaumen gefüllt.

«Schau mal!», rief Hannah und versteckte sich hinter Lena. «Da bewegt sich was!» Tatsächlich – die Zweige des Busches schleuderten hin und her. Es knackte, es raschelte. War das ein wildes Tier? Noch ehe die Mädchen begriffen, was geschah, kletterte Renata aus dem Gebüsch. Und hinter ihr tauchte ihr Hund auf. Molly bellte vergnügt, als sie Lena und Hannah entdeckte.
Die Mädchen schauten sie mit großen Augen an.
«Was …?», setzte Lena an.
Renata hielt einen Apfel in die Höhe und lachte. «Sieht der nicht lecker aus? Ich hatte plötzlich total Appetit darauf!» Und schon biss sie hinein. Als sie die Verwirrung in Lenas Gesicht sah, erklärte sie: «Die Äpfel meiner Nachbarn schmecken so lecker. Denen kann ich nicht widerstehen.»
«Du bist einfach in ihren Garten gestiegen?», fragte Lena und Hannah wunderte sich: «Ist das nicht Diebstahl?»
«Im Gegenteil! Die sind ganz froh, da sie eh nicht alle Äpfel auflesen können. Wäre doch schade, wenn sie verfaulen!» Sie zupfte ein paar Blätter aus ihren Haaren. «So etwas müsste man viel öfter machen. In so vielen Gärten verfaulen Obst und

Gemüse, weil niemand Zeit hat, sich darum zu kümmern. Aber deshalb seid ihr ja hier.» Sie hielt kurze inne. «Wo sind eure Freunde? Haben sie Verspätung?»

Lena seufzte. «Es kommt niemand mehr.»

Damit hatte Renata nicht gerechnet.
Lena zuckte mit den Achseln. «Ich habe alle eingeladen und gesagt, dass du Hilfe benötigest …»
«… aber nach der gestrigen Küchenkatastrophe hatte niemand mehr Lust», ergänzte Hannah.
Sie verschwieg, dass Lena auch sie hatte lange überreden müssen. Und wahrscheinlich war sie auch nur hier, weil sie ein schlechtes Gewissen wegen gestern hatte.
Lena war noch immer wütend. Vielleicht war es sogar besser, dass die anderen nicht aufgetaucht waren. Nur Hannah hatte sich heute morgen bei ihr entschuldigt, dass sie Lena nicht beim Aufräumen geholfen hatte. Die anderen verloren kein einziges Wort mehr darüber. Sie hatte ihre Witze noch immer im Ohr: «Deine Mutter schmeißt Lebensmittel weg!» So was von fies!
Renata winkte ab. «Das schaffen wir auch zu dritt.» Sie deutete zum anderen Ende des Gartens. Dort standen drei Bäume. «Die Pflaumen müssen dringend geerntet werden. Alleine schaffe ich das nicht mehr. Das ist viel zu anstrengend für mich.»
Lena und Hannah schauten sich kurz an. Deswegen hatte Renata die ganze Klasse hierher bestellt?

«Was sollen wir denn mit den vielen Pflaumen?», fragte Lena.
«Na was wohl», gab Renata zurück, «essen!»
Hatte sie schon vergessen, was gestern passiert war? «Unsere Wohnung ist schon komplett voll mit all den Lebensmitteln, die die anderen mitgebracht haben», erinnerte Lena. Wenn sie jetzt noch mit einem Eimer Pflaumen zuhause auftauchte, flippte Mama erst recht aus. Die Pflaumen würden samt Eimer gleich in hohem Bogen aus dem Küchenfenster fliegen.
Renata konnte ihr nicht folgen. «Ich dachte, du willst etwas gegen die Lebensmittelverschwendung unternehmen? Sollen wir die Früchte einfach verfaulen lassen?»
Lena zuckte mit den Achseln. Nein, natürlich nicht ... Irgendwie war das alles so kompliziert. Ständig tauchten neue Schwierigkeiten auf.
«Kümmern wir uns erst einmal um die Früchte», erklärte Renata, «vielleicht ergibt sich ja wie von selbst eine Lösung.»
Es war wirkliche höchste Zeit. Wie lange lagen die Pflaumen schon da? Manche waren bereits matschig. Man musste die Früchte vorsichtig

anfassen. Und es war gar nicht so einfach, die violetten Dinger im hohen Gras zu finden!
«Das ist ja fast wie bei der Ostereiersuche», kicherte Hannah.
«Hat sich deine Mutter wieder beruhigt?», erkundigte sich Renata.
Lena schnaufte. Besser sie sprachen nicht mehr über gestern Abend!
Lena dachte angestrengt nach. In ihrer Stadt gab es viele Gärten. Wie viele Äpfel, Birnen und andere Früchte blieben liegen oder verfaulten an den Bäumen? Vielleicht musste sie einfach die Gärten ihrer Nachbarn absuchen und beim Ernten helfen ...
Aber dann fielen ihr wieder all die Lebensmittel von gestern ein: Was brachte es, wenn sie mehrere Eimer Äpfeln und Birnen nach Hause schleppte?
«Meine Mama hat schon gestern getobt», sagte Lena, „wenn jetzt noch viele Früchte dazu kommen ... und die werden sowieso so schnell schlecht."
Renata schüttelte den Kopf: «Du musst sie nur richtig lagern. Sogar früher, als es noch keine Kühlschränke gab, gelang es den Menschen, ihre Ernte oft monatelang aufzubewahren. Man muss einfach wissen, wie.»

«Wir könnten die Pflaumen in der Schule verteilen», schlug Hannah vor.

Lena verzog das Gesicht. «Nette Idee. Aber das geht eh bloß wieder in die Hose. Wie gestern. Und am Ende bleibt alles an mir hängen.»

«Oder wir verschicken die Pflaumen einfach in Großstädte oder Länder, wo keine Pflaumen wachsen», überlegte Hannah.

«Iiih!», machte Lena, «Pakete sind doch immer so lange unterwegs. Stell dir mal vor, du öffnest es und du findest darin nichts als zermatschte Pflaumen ...»

Lena konnte sich nicht vorstellen, dass jemand so etwas appetitlich fand.

Da hörte sie hinter sich Geräusche. Sie drehte sich um.

Eine Frau kam auf sie zu, die wie die Kopie der Nachbarin aussah. Der einzige Unterschied war der beigefarbenen Hut auf ihrem Kopf.

«Da bist du ja endlich!», rief Renata und zu den Mädchen sagte sie: «Das ist meine Zwillingsschwester. Ihr gehört ein Restaurant am Marktplatz.»

Hannah wusste sofort welches. «Wir waren da

schon ein paar Mal essen.»
«Ich bin Astrid. Und ihr seid die Lebensmittelretterinnen?»
Lena sah ihre Nachbarin verwirrt an. Was hatte diese ihrer Schwester über sie erzählt?
«Pause!», sagte Renata, «wir müssen dringend etwas besprechen.»
Die beiden Mädchen setzten sich mit Astrid an den Tisch unter dem Laubdach. Nachdem Renata ihnen selbstgemachten Hagebuttentee serviert hatte, erfuhren die beiden Mädchen alles: Astrid wusste bereits von ihrer Schwester, dass Lena und Hannah etwas gegen die Lebensmittelverschwendung unternehmen wollten.

«Meine Schwester beschäftigt dieses Thema schon länger», sagte Astrid und wärmte sich an ihrer Tasse die Hände. «Endlich bekommt sie Unterstützung. Heute hat sie mich am Telefon so lange bearbeitet, bis ich versprochen habe, euch zu besuchen.»

Renata errötete. «Meine Freunde verdrehen mittlerweile die Augen, wenn ich mit ihnen über dieses Thema sprechen möchte. Dabei will ich ihnen nur klar machen: Ihr könnt so viel Geld sparen, wenn ihr nichts mehr wegwerft. Und auch der Umwelt ...»

«… tut es gut», beendete Astrid den Satz. Sie hatte sich das offensichtlich schon mehrmals anhören müssen.
«Kaum einer denkt daran, dass die Verschwendung von Nahrungsmitteln dem Klima schadet», fuhr Renata fort. Als sie Luft holte, fragte Astrid schnell: «Wo sind eigentlich jetzt die Lebensmittel, die deine Freunde zu dir gebracht haben?»
«Immer noch bei mir», erklärte Lena. Sofern ihre Mama sie jetzt nicht doch noch weggeschmissen hatte.
«Perfekt!», meinte die Köchin, «das bringt ihr alles zu mir.»
«Äh …?», machte Lena. Was wollte Astrid mit den alten Lebensmitteln?
«Wir kochen etwas Leckeres daraus», sagte Astrid. Während Lena noch immer nicht alles kapierte, sagte Renata: «Ich fahre dich. Mein Auto hat einen großen Kofferraum. Und sonst können wir auch noch den Rücksitz vollräumen.»
«In meinem Restaurant gibt es eine große Küche», erklärte Astrid. «Da haben wir viel mehr Platz als bei euch zuhause.»
«Wir dürfen bei Ihnen kochen?», begriff Lena.

«Ihr dürft mir helfen», präzisierte Astrid.
«Aber müssen Sie sich nicht um Ihre Gäste kümmern?», warf Hannah ein.
Astrid winkte ab: «Wir machen es am Samstagmittag. Da haben wir sonst geschlossen.»
«Aber ekeln sich Ihre Gäste denn nicht?», wollte Hannah wissen. «Wenn man in einem Restaurant isst, will man doch etwas Frisches ...»
Auch Lena wusste nicht, ob Astrid wirklich alles bedacht hatte: «Die Lebensmittel, die wir gesammelt haben, passen nicht wirklich zusammen.»
«Selbstverständlich verwenden wir nur Zutaten, die in Ordnung sind», sagte Astrid. «Man muss einfach ein bisschen experimentieren. Ich achte schon länger darauf, dass wir in unserem Restaurant möglichst wenig wegwerfen müssen. Ich habe schon eine Menge witziger Rezepte erfunden.»
Sie deutete zu den Eimern. «Allein mit den Pflaumen können wir ganz viele verschiedene Leckereien zubereiten.»
«Aber das sind so viele!», entgegnete Hannah. «Wer soll das alles essen?» Sie hatten nicht einmal die Hälfte geerntet ... Da mussten die Gäste wirklich ordentlich Kohldampf haben, dass alles wegging.

«Das ist das kleinste Problem», meinte Astrid. «Du musst uns einfach mit deinem Zeichentalent unterstützen.»

Lena verstand gar nichts mehr. Die Köchin hatte ihren Plan offensichtlich schon ganz genau ausgearbeitet.

Renata stellte die leeren Tassen auf das Tablett und stand auf. «So, wir müssen uns jetzt um die restlichen Pflaumen kümmern. Wir sind noch lange nicht fertig!»

Astrid wollte mithelfen.

Jetzt fühlte sich Lena wie eine Batterie, die gerade frisch aufgeladen worden war. Nun füllte sich ihr Pflaumeneimer total schnell. Sie hatte viele Bilder im Kopf: Hannah und sie in einer Restaurantküche. Wie zwei richtige Köchinnen. Mussten sie auch so witzige Hauben aufsetzen? Und ob sie ganz viele Hilfsköche herumkommandieren konnten? Wenn es klappte, konnten sie wirklich eine Menge Lebensmittel verwenden, die sonst verfault oder im Müll gelandet wären.
«Und wenn es nicht klappt, bekommen wenigstens wir etwas Leckeres zu essen», flüsterte Hannah Lena zu. «In diesem Restaurant ist das Essen immer sensationell!»

Am Abend tat Lena alles weh. Und ihr Magen knurrte. Zum Glück konnte sie gleich am Küchentisch Platz nehmen. Ihre Mama war schon viel besser drauf. Sie pfiff vergnügt vor sich hin.
Und der Berg auf dem Tisch war verschwunden.
«Ich habe alles in Kartons gepackt.»
Sie stellte einen Topf mit Nudeln auf den Tisch, die Lena noch nie gesehen hatte. «Eine besondere Vollkornsorte. Kannte ich noch gar nicht.

Die habe ich in deinem Lebensmittelberg entdeckt. Sie schmecken echt lecker!» Offensichtlich hatten die abgelaufenen Lebensmittel nun auch Mama zum Nachdenken gebracht: «Es ist eigentlich schon ein Irrsinn, was die Leute alles wegwerfen», murmelte sie, als sie sich einen Löffel Nudeln in den Mund steckte.

Lena verschluckte sich beinahe. Was war mit Mama los?

Diese bekam Lenas Verblüffung mit und meinte: «Ihr müsst euch mal die Lebensmittel in den Kartons genauer ansehen. Eigentlich sind die alle noch brauchbar. Wenn wir nur damit kochen, müssten wir ein paar Wochen lang nicht mehr einkaufen gehen.»

«Zu spät!», entfuhr es Lena.

Mama sah sie überrascht an.

«Wir brauchen diese Lebensmittel jetzt für etwas Anderes», murmelte Lena. Doch sie hütete sich davor, mehr zu erzählen. Stattdessen verschwand der nächste Löffel Nudeln in ihrem Mund. Eigentlich war sie schon satt. Aber den halbvollen Teller einfach stehen lassen? Sie hatte noch immer das Gespräch mit ihrer Nachbarin im Ohr. «Ich muss was Dringendes erledigen“, sagte sie und verzog sich mitsamt ihrem Teller auf ihr Zimmer.

Sie musste jetzt zeichnen. Von diesen Bildern hing jetzt sehr viel ab.

Die OBST-RETTUNGsaktion

Das Auto ruckelte über die Pflastersteine. In den Kofferraum hätte nicht mal mehr ein Blatt reingepasst, so voll war er.
Lena saß auf dem Beifahrersitz und umklammerte einen Kürbis, den Renata kurz vor der Abfahrt im Garten geerntet hatte. Auf dem Rücksitz bellte Molly aufgeregt.
«Wir sind gleich da!», rief Renata ihr zu.

Doch da sah Lena schon Hannah. Sie hockte vor dem Restaurant auf der Treppe und winkte ihnen zu. Sie trug heute ihren Girl-Pullover, das zog sie nur an besonderen Tagen an.

«Ich bin noch so müde!», jammerte sie.

Lena wunderte sich: «Aber ich habe dich gestern um sieben angerufen und da warst du schon im Bett?»

«Oh», machte Hannah und sagte dann schnell: «Am Samstag bleibe ich meistens bis neun Uhr im Bett! Da muss ich den Schlaf der ganzen Woche nachholen.»

Heute fiel Ausschlafen definitiv aus. Wie hätten sie sonst das Essen pünktlich am Mittag servieren können?

Lena zeigte auf die Tasche neben Hannah. «Was hast du mitgebracht?»

«Von meiner Mama», druckste sie herum, «sie hat noch ein paar Baumnüsse gefunden, die wir verwenden können.»

Lena seufzte. Sie hatten doch schon so viele Lebensmittel!

«Heute können wir alles verwenden», machte Renata ihr Mut und zog ihre Jeansjacke aus.

«Für einen Herbstmorgen ist es schon ganz schön warm.«

Auf dem Platz rund um das Restaurant war bereits eine Menge los. Die Händler hatten ihre Marktstände aufgestellt, die Kunden standen schon Schlange und schauten die Waren an.

Im Restaurant band sich Astrid gerade eine weiße Schürze um. «Ich zeige euch gleich die Küche.» Doch Molly sah sie streng an. «Für dich ist die Küche tabu. Aber ich hole dir eine Schale mit Wasser.»

War die Küche groß! Es gab Töpfe, die waren so voluminös, da hätte sich Lena hineinsetzen können. Und in den Ofen passten bestimmt fünf Bleche gleichzeitig hinein. Alles war blitzblank geputzt – hier hätte sich Lenas Mama pudelwohl gefühlt.

Während sie auf die anderen warteten, leerten sie den Kofferraum. Sie mussten gleich mehrmals zwischen Auto und Küche hin und her laufen.

Als letztes trug Lena den Stapel mit ihren Zeichnungen herein. Papa hatte ihre Werbung im Büro kopiert. Astrid gab den Kindern Anweisungen, wo sie was in der Küche platzieren sollten: «Damit es nicht schon wieder ein Chaos gibt», sagte sie zu Lena und zwinkerte ihr zu. Da mussten erst einmal ihre Freunde auftauchen!

«Am Ende lassen mich wieder alle im Stich», sagte Lena, «so wie bei der Pflaumenernte.»

Doch da waren vorne im Restaurantbereich Stimmen zu hören. Das war ihre Klasse! Und schon betraten sie nacheinander die Küche und schauten sich um. Lena sah alle der Reihe nach verblüfft an. Fast alle waren da! Aber noch viel verblüffter war sie, als sie feststellte, wie viel Gepäck alle dabei hatten.

Felix trug eine riesige grüne Kiste. «Kann ich die irgendwo abstellen? Die ist ganz schön schwer.» Und sie war bis oben mit Birnen gefüllt. Sarah brachte Äpfel. Und Luca hielt Lena einen Korb mit Trauben unter die Nase. So viel Obst!

«Wo habt ihr denn das alles her?», staunte Lena.

Alle drehten sich zu Hannah.

Diese kicherte. «Das war meine Idee!», gestand sie.

«Sie hat gestern nicht locker gelassen», ergänzte Felix. «Sie hat gemeint, dass wir uns nach der Aktion in deiner Küche was einfallen lassen müssen. Ich bin deswegen heute sogar total früh aufgestanden.»

«... und ich habe gestern drei Stunden lang Äpfel aufgelesen!», erzählte Luca, «und es liegen noch immer so viele rum.»

Sarah hatte heute früh schon die Wiese neben der Schule nach Quitten abgesucht. Sie rieb sich die Knie. Die Jeans waren an dieser Stelle ganz grün.

«Ich habe ihnen erzählt, dass Renata immer Obst und Gemüse in fremden Gärten nascht», erklärte Hannah Lena , »und dass Renata eigentlich ein Vorbild ist.»

Jetzt verstand Lena alles: «Du warst gestern gar nicht im Bett, sondern ...»

Hannah nickte: «Ich habe im Garten einer Freundin meiner Mutter Baumnüsse aufgelesen. Es ist echt spät geworden!»

«Sie sind wirklich cool», sagte Felix zu Renata, «meine Eltern würden sich so etwas nie trauen.»

Diese wurde rot und sagte schnell: «So oft mache ich das gar nicht. Und auf jeden Fall frage ich bei den Besitzern, bevor ich etwas nehme ...»

Lena schmunzelte.

«Manche haben zuerst ziemlich doof geguckt», berichtete Felix, «aber als sie von unserer Obstrettungs-Aktion gehört haben, wollten sie uns sofort unterstützen.»

«Das machen wir jetzt öfter», rief Sarah. «Eine ältere Frau, die in meiner Straße wohnt, hat mich eingeladen, im nächsten Frühling bei ihr Himbeeren zu pflücken. Ich soll die ganze Klasse mitbringen. Sie hat nämlich so viele Himbeersträucher.»

«Eigentlich würden wir ganz gut ohne Obst aus dem Supermarkt auskommen», sagte Felix, «besonders jetzt im Herbst! In den Gärten in der Umgebung wachsen so viele Früchte. Da könnte man locker die ganze Stadt versorgen! Ich war bei einem älteren Ehepaar, die haben mich gleich auf mehrere Freunde aufmerksam gemacht, bei denen ich auch noch ernten soll.»

«Ihr seid echt cool», rief Lena.

Auch Lenas Nachbarin freute sich. « So viele Lebensmittel landen jetzt doch noch im Kochtopf. Und wir mussten gar nichts dafür bezahlen!»

Sie griff nach einem Apfel und bewunderte ihn von allen Seiten, als ob sie einen Diamanten entdeckt hätte.

Astrid klatschte in die Hände. «Fertig geplaudert, fangen wir an! Jetzt brauchen wir alle Hände! Eine Menge Arbeit liegt vor uns.»

Sie gab ihnen den Auftrag, die Pflaumen zu waschen und zu entkernen.

«Was kochen wir denn?», fragte Felix.

«Das werdet ihr schon noch erfahren», gab sich Astrid geheimnisvoll, «aber es wird bestimmt lecker.»

Bevor es losging, reichte Astrid Sarah ein Gummi-

band, damit sie die Haare hinten zusammenbinden konnte. Normalerweise war Sarah auf so etwas total allergisch, aber heute willigte sie sofort ein. Astrid forderte alle auf, eine Schürze umzubinden. Nur Lena nicht.
«Für dich habe ich eine besondere Aufgabe», sagte Astrid.
Lena blickte fragend zu Renata, doch die schien auch keinen Schimmer davon zu haben, was Astrid vorhatte.

Astrid ging mit Lena in den Speisesaal hinüber. Auf einem Esstisch lag eine große Schiefertafel. Daneben warteten Kreiden in allen Farben. «Die Tafel stellen wir dann draußen vor der Tür auf», erklärte Astrid, «die Leute müssen erfahren, dass es bei uns heute ganz leckere Speisen gibt. Kannst du uns ein cooles Bild gestalten?»
Aber logo! Sofort griff Lena nach der orangefarbenen Kreide. So eine große Tafel hatte sie schon immer mal verzieren wollen! Während sie sich daran machte, krumme Möhren

auf die Tafel zu malen, dachte sie über ihre Klasse nach. Was hatten die anderen gesagt? Es gab noch viel mehr Gärten, in denen niemand erntete? Wie konnten sie das ändern? Brachte es etwas, wenn sie vor den Gärten ein Schild aufstellten: «Bitte pflücken!»? Am besten fügten sie gleich noch ein «Kostenlos!» hinzu. Dann wussten alle, wo es was zu ernten gab und wenn sie Appetit auf Frisches hatten, konnten sie sich gleich selber bedienen.

Hannah kam in den Speisesaal und schaute Lena eine Weile beim Malen zu. «Wir kochen zwei verschiedene Gemüsesuppen», verriet sie, «und Pflaumenkuchen mit Mix-Mix-Kompott aus dem Ofen.»
«Mix-Mix-Kompott?»
«Eine Erfindung von Astrid – Kompott aus verschiedenen Früchten», Hannah grinste: «Dieses Mal macht es viel mehr Spaß. In so einer großen Küche treten wir uns nicht ständig auf die Füße. Und Astrid hat echt super Tipps auf Lager. Da kann gar nichts schief gehen.» Sie sah sich im Restaurant um. Außer Lena war niemand hier. «Müssen wir denn nicht noch die Tische decken?»
Lena blickte auf. Die Tische waren noch leer.

Da öffnete sich die Schwingtür, die die Küche vom Speisesaal trennte, und Astrid und das gesamte Küchen-Team traten in den Speisesaal. Felix Gesicht war total rot vor Anstrengung.
«Die Tische müssen wir nicht decken», erklärte Astrid. «Ich habe mir etwas Anderes überlegt. Wir bieten die Gerichte im Freien an. Dann bekommen auch viel mehr Leute mit, was wir Köstliches gekocht haben. Es riecht nämlich so was von verführerisch. Lena und Hannah bewachen die Töpfe, die anderen kommen mit mir nach draußen.»
Sie nahm Lenas Schiefertafel und schon war sie weg. Was hatte sie vor? Lena wollte auch hinaus …
Doch Hannah hielt sie zurück. «Komm, dann kannst du gleich ein Stück Pflaumenkuchen probieren. Er ist noch ganz warm.»
Es dauerte, bis Astrid und die anderen wieder auftauchten.
«Schmeckt es?», erkundigte sich Astrid.
«Und wie!», rief Lena und leckte die Finger ab. Der Pflaumenkuchen war 1a!
Felix lachte: «Ich habe auch extra viel Zucker hineingeschüttet.»
Jetzt mussten alle mithelfen, die Teller und die

Töpfe nach draußen zu tragen. Ihre Klasse hatte echt viel gebacken und gekocht.
«Meint ihr wirklich, dass wir so viel verkaufen können?», fragte Lena. «Aber logo!», rief Hannah. «Jetzt ist gleich Mittag und da hat doch jeder Kohldampf.»

Sie hatten direkt neben dem Eingang einen Stand aufgebaut. Einige Leute betrachteten schon neugierig die Tafel, die Lena bemalt hatte. Astrid drückte Felix und Luca Lenas Werbezettel in die Hand. Sofort schwirrten sie aus und brachten sie unter die Leute. Astrid stellte sich hinter die Töpfe und schöpfte. Hannah kassierte und Lena überreichte den Kunden die Teller. Es dauerte nicht lange und immer mehr Menschen standen an. Die Schlange wurde immer größer. Zum Glück hatten sie so viel gekocht. Felix und Sarah brachten immer wieder benutztes Geschirr in die Küche, wo es Lenas Nachbarin und Luca mit der riesigen Spülmaschine reinigten.
Obwohl der Andrang so groß war, erzählte Astrid allen, woher die Zutaten für die Gerichte stammten «Sie helfen uns, Lebensmittel zu retten!»

Astrid's
Heute
KRUMMES
GEMÜSE

«Die Kinder haben sich echt ins Zeug gelegt», lobte sie Lena und ihre Klasse.
Auch Lenas Eltern waren da!
«Sie bekommen die Suppe umsonst», sagte Astrid zu Lenas Mama und lächelte. «Ich habe gehört, was die Kinder mit Ihrer Küche gemacht haben.»
Lena und Hannah schnitten eine Grimasse. Besser sie dachten nie wieder daran!
«Eine große Portion bitte.»

Lena sah auf. Diese Stimme kannte sie doch ... Herr Till! Er trug heute eine Sonnenbrille. So hatte sie ihn noch nie gesehen. Er wirkte damit wie ein Geheimagent.
«Felix hat mich auf dem Markt gesehen und mir eure Werbung in die Hände gedrückt», erklärte er. «Das wollte ich mir natürlich auf keinen Fall entgehen lassen. Und vor lauter Einkaufen knurrt mir eh schon der Magen.» Als er die Suppe probierte, nickte er beeindruckt. «Das habt ihr aber echt gut hinbekommen.»
Hannah zeigte auf die Schiefertafel: «Haben Sie das schon gesehen? Das hat Lena gemacht. Sieht das nicht toll aus?»

Als es ruhiger wurde, füllten sich auch Hannah und Lena einen Teller mit Suppe. Sie setzten sich damit auf die Stufen vor dem Restaurant. Die Sonne wärmte ihr Gesicht.
«Ihr habt sogar das alte Brot verwenden können», stellte Lena fest. In der Suppe schwammen kleine Brocken. Da sie sich mit viel Flüssigkeit vollgesogen hatten, waren sie wieder weich. Die Suppe war wirklich total köstlich!

«Jetzt haben wir so viel Obst und Gemüse gerettet», freute sich Hannah. «Zum Glück haben wir nicht so schnell aufgegeben. Es hat sich doch gelohnt.»

«Ich hätte nicht gedacht, dass sich die anderen so ins Zeug legen», sagte Lena. «Toll, dass du mir geholfen hast.»

Aber dann verfinsterte sich Lenas Gesicht. «Aber es gibt noch viel mehr Obst und Gemüse», sagte sie. «Felix hat doch erzählt, dass er so viele Gärten gesehen hat ...»

Aber ihre Freundin machte «Pst!». «Darüber können wir uns nachher noch den Kopf zerbrechen. Wir haben heute so viel erreicht. Da schaffen wir bestimmt noch mehr.»

Felix tauchte auf. «Habt ihr schon mal einen Blick in die Kasse geworfen? Was machen wir mit dem vielen Geld? Damit können wir uns etwas Leckeres kaufen.»

«Bloß nicht!», rief Luca und rieb sich den Bauch. «Ich habe heute so viel gegessen.»

Lena schaute zu Astrid. Doch diese winkte ab. «Das Geld gehört euch. Da könnt ihr euch einen Traum erfüllen.»

Die Kinder begannen sofort aufgeregt zu tuscheln und tauschten Ideen aus: «Ein Ausflug in einen Freizeitpark!», rief Felix und Luca schlug vor: «Wir besuchen miteinander ein Spiel der Bundesliga.» Aber damit konnte Hannah nichts anfangen. Sie träumte von einer Fahrt mit einem Pferdewagen. «Das habe ich vor kurzem in einem Film gesehen», sagte sie.
Lenas Blick fiel auf die Schiefertafel. «Wir könnten große Schiefertafeln kaufen», überlegte sie laut, «und die überall im Schulhaus aufstellen und alle motivieren, sorgsamer mit den Lebensmitteln umzugehen.»
«Oder wir installieren bei jedem Abfalleimer eine Sirene», gluckste Felix, «dann geht immer gleich der Alarm los, wenn jemand Essen wegschmeißt.» Alle kicherten. Was für ein Gesicht der Hausmeister wohl machen würde ...
Sarah kam aus dem Restaurant. Sie sah niedergeschlagen aus. «Ich bin gerade in der Küche gewesen. Da sind noch so viele Lebensmittel ...»
«Und wo ist das Problem?», entgegnete Astrid. «Wir haben ja noch den ganzen Nachmittag Zeit zum Kochen und Backen.»

Sie zwinkerte Lena zu.

Diese strahlte. Es war doch nicht so kompliziert, Lebensmittel zu retten.

Wenn alle mitanpackten, konnten sie eine Menge bewirken.

FOODWASTE – die Verschwendung von Lebensmitteln

Knapp 12 Millionen Tonnen Lebensmittel landen in Deutschland jedes Jahr im Müll.

Die Lebensmittelverschwendung hat Auswirkungen auf die Umwelt. Denn oft wird für die Herstellung viel Wasser benötigt und die Lebensmittel legen oft auch weite Transportwege zurück, bis sie in unserer Küche landen.

Wer Lebensmittelverschwendung vermeiden will, kauft bewusst ein und achtet darauf, die Lebensmittel richtig zu lagern. Denn so sind sie länger haltbar.

Auch hartes Brot oder Gemüse und Obst, das nicht mehr ganz frisch aussieht, lässt sich oft zu leckeren Speisen verarbeiten. Es gibt mittlerweile ganz viele «Reste-Essen-Rezepte». Informier dich!

Während in Deutschland, Österreich und der Schweiz viele Lebensmittel im Müll landen, hungern über 820 Millionen Menschen weltweit – sie haben zu wenig zu essen.

Autor

Stephan Sigg, geb. 1983, lebt in St. Gallen (Schweiz). Er ist Theologe, Journalist und Autor. Er schreibt Bücher für Kinder, Jugendliche und Erwachsene. Er hält oft Lesungen aus seinen Büchern an Schulen im ganzen deutschsprachigen Raum.
Er mag: Kürbis, Fenchel und Brokkoli

www.stephansigg.com

Stephan Sigg /
Anna-Katharina Stahl (Illustratorin)

KEIN PLASTIK FÜR DEN WAL

LENA kauft UNVERPACKT

Plastiksäcke, Schuhe, Verpackungsmaterialien: 86 Millionen Tonnen Plastik schwimmt in unseren Meeren – und täglich kommt noch mehr dazu. 626 Kilogramm Abfall produziert jeder Mensch in Deutschland pro Jahr. Das Kinderbuch von Stephan Sigg zeigt in Form einer witzigen Geschichte, was passiert, wenn eine Familie beginnt, auf Plastik zu verzichten, und wie wir uns gegenseitig unterstützen können, ökologischer und nachhaltiger zu leben.

ISBN 978-3-96157-092-8
Format: 13 x 20 cm, gebunden, 128 Seiten